Elisabeth Thaler

Von der Muse geküßt

Elisabeth Thaler

Von der Muse geküßt

Über das Motiv der Dichterweihe von Hesiod bis
Stefan George

Mit einem Nachwort von cand. phil. Hannes Schmidt

Diese Arbeit ist in der Rechtschreibregelung vor 1998
abgefasst.

Bibliografische Information der Deutschen Nationalbibliothek:
Die Deutsche Nationalbibliothek verzeichnet diese
Publikation in der Deutschen Nationalbibliografie;
detaillierte bibliografische Daten sind im Internet
über http://dnb.dnb.de abrufbar.

Lektorat: Elisabeth Thaler
Grafik: Kauzmann
Titelbild/Foto: Elisabeth Thaler

Verlag: BoD · Books on Demand GmbH, In de Tarpen 42,
22848 Norderstedt, bod@bod.de
Druck: Libri Plureos GmbH, Friedensallee 273, 22763 Hamburg

ISBN: 978-3-7693-2465-5

Widmung

Meinem lieben Vater, der mich lesen und
schreiben lehrte

Meinen Lehrern, die dies fortsetzten

Meinem Professor Th. P.

Dem strengsten all meiner Lehrer,
Mag. Albert Wonaschütz

Und nicht zuletzt meiner Muse, in welcher Gestalt auch immer sie sich ereignen mag…

Gustave Moreau: Hesiod und die Muse

Inhaltsverzeichnis

Vorwort • Danksagung

Zwischen dem heutigen Tage und der Niederschrift dieser Arbeit stehen 20 Jahre. Damals war die Welt noch in Ordnung für mich, ich war in der Lage, mich ganz meinem Studium hinzugeben, in dem ich bereits während des fünften Semesters diese Oberseminararbeit (Heute wäre es dem Umfange nach eine Bachelor-Arbeit) in Neuerer deutscher Literaturgeschichte bei meinem verehrten Prof. Dr. Th. Pittrof schrieb.

Für mich gab es zu dieser Zeit nichts in der Welt als Literatur und Musik und im Nachhinein denke ich, was für ein Wunder es ist, wie diese glückliche Fügung und die daraus sich entwickelnde Hochgestimmtheit mir genug Kraft für die darauffolgenden düsteren Jahre verliehen haben, durch die ich den Seelenschatz meines innersten Herzens retten konnte, indem ich mich immer mehr dem katholischen Glauben zuwandte und bei ihm und der Kirchenmusik Trost fand. Kaum ein Jahr nach dieser Oberseminararbeit verschied mein Vater und mein Leben wandelte sich schlagartig. Ich war auf mich allein gestellt, meine Mutter versuchte mir nach Kräften zu helfen, doch emotional war ich vollkommen einsam. Die Mutter meines Vaters, meine liebe Nonna ermöglichte mir das Kunstgeschichtestudium. Dennoch mußte ich mich vollkommen neu ordnen, zumal ich vermehrt irgendwelchen Arbeiten nachzugehen hatte, um meinen Lebensunterhalt zu bestreiten und die oft kostspieligen Studienfahrten zu finanzieren. Und allen Widernissen zum Trotz hielt ich an meinem Ziele fest, eines Tages Magister zu werden. Der Tod meines Vaters und der Verlust vieler geliebter Menschen wandten meinen Blick zunächst auf das Griechentum, zu Orpheus. Doch alles, was ich mit diesem Sänger durch die Zeiten erlebte, wird Teil einer anderen Arbeit sein…

Und, ja, tatsächlich kommt meine Gläubigkeit aus dem Griechentume. Mein Vater vermittelte mir früh die Sagen des klassischen Altertums. Schon mit vier Jahren war ich dank seiner Lesestunden vertraut mit all den wundersamen Wesen und Helden griechischer Vorzeit. Sie waren immer Teil meines Lebens. In den wundersamen quelldurchrauschten Tälern und Schluchten, in den geheimnisvollen Mooren meiner frühen Kindheit hielt ich mit jenen seltsamen Geistern Zwiesprache. Die gute Entscheidung meines Vaters, mich der höheren Bildung anzuvertrauen, sicherte mir die Ruhe und die Möglichkeit zur Entwicklung eines musischen Geistes an einem Gymnasium im Süden Bayerns. Ohne der profunden literarischen Bildung an diesem Orte, hätte ich vieles nicht erreicht – vor allem nicht jenes tiefe innere Glück in der Kunst, welches trägt, reich und selig macht.

Darum danke ich meinem Vater und meinen hervorragenden Lehrern in Rosenheim und Ravensburg. Meinen wunderbaren Professoren in Eichstätt.

Auch wenn ich gegenwärtig nicht das Amt eines Lehrers erfülle, so will ich immer produktiv und dem Anruf der Muse gewärtig sein.

Das Umschlagbild stammt im Übrigen aus dem Jahre 1995. Ja, ich bleibe meiner Muse immer treu, mag sie auch Joannes, Herbert, Helmut, Bernd, Felice oder Hans Georg heißen.

Bruck an der Mur, am Tage des hl. Apostels Andreas 2024

Einleitung • Gang der Arbeit

„Das ist ein schönes, tiefgründiges Gedicht!" mag manch ein Leser angesichts eines gelungenen Stückes Lyrik ausrufen. Er hält den Gedichtband in Händen und auf dem Buch steht der Name des Dichters geschrieben. Selbstverständlich ist das Gedicht, das den Beifall erntet, der alleinigen Phantasie des Dichters entsprungen; der Dichter ist folglich ein ganz besonderer Meister.

Doch jeder Leser wird schon die Erfahrung gemacht haben, daß einige Leute dichten können und andere wiederum nichts rechtes zuwege bringen, obwohl sie sich alle Mühe geben. Die technischen Voraussetzungen kann man sich freilich leicht aneignen; denn rein formal funktioniert Lyrik kaum anders als die Physik oder die Chemie mit ihren Elementen, denen in der Dichtkunst die Versmaße und Strophenformen entsprechen. Im Prinzip ist jedes Gedicht eine Versuchsanordnung, bei der alle Parameter in sich stimmig sein müssen – allein, so ein Gedicht wird immer ein totes Wortgebilde sein, solange zum bloßen Formwillen nicht ein Funken Inspiration tritt.

Wie wird nun jemand zum Dichter? Was

unterscheidet die einzelnen Dichter voneinander und was unterscheidet sie von den Nicht-Dichtern?

Da eine ausreichende Antwort auf all diese Fragen unzählige Bände füllen würde, will ich mich in meiner Untersuchung auf die Dichterwerdung weniger Lyriker beschränken. Dabei sollen die Musen im Zentrum der Antworten auf die oben gestellten Fragen stehen. Diese traditionellen Vermittlerinnen des Dichtertumes sind vielgestaltig wie ihr Vater Zeus. Auf den folgenden Seiten will ich ihren Wandlungen und ihrer Wirkung auf die jeweiligen Dichter im Laufe der Zeiten nachgehen.

Die Tradition des Musenanrufes und der Dichterweihe ist ein weitgefächertes Thema. Ich mußte also eine enge Auswahl an Lyrikern treffen, mit deren Dichterweihe und Musenverständnis ich mich auseinandersetzte. Befremdend mag vielleicht die Tatsache sein, den antiken Autoren einen Großteil der Untersuchung einzuräumen. Das ist nicht weiter verwunderlich, wenn man bedenkt, daß die Griechen ein tief religiöses Verständnis vom Dichtertum hatten und sie die Musen eben als

Göttinnen verehrten.

Die Literaturlage zu den Dichtern der Antike war außerordentlich gut. Besonders die Arbeiten von Athanasios Kambylis und Raoul Schrott stellten sich als besonders aufschlußreich heraus, wohingegen die Untersuchungen, die ich zu Hölderlin und George fand entweder nicht seriös genug oder zu einseitig waren.

Um des besseren Verständnisses willen zitierte ich sehr ausführlich, was für den großen Umfang der Arbeit verantwortlich ist. Bei den antiken Dichtern berücksichtige nur die entscheidenden Stellen, bei Hölderlin arbeitete ich ansatzweise intertextuell. Dort war es mir wichtig, zu zeigen, wie sich verschiedene Gedichte aufeinander beziehen.

Die Frage nach Georges „wahrer Muse" Maximin behandelte ich nicht, da der Rahmen innerhalb dieser Arbeit es nicht zuließ.

Muse und Dichter in der Antike

Herkunft, Zahl und Aufgabe der Musen

„Singe, o Muse, den göttlichen Zorn des Peliden Achilleus"[1]

Dieser erste Vers des Homerischen Epos Ilias ist die Keimzelle dessen, was man die abendländische Dichtung nennen wird. Ob der Dichter Homer ihn selbst aufgeschrieben hat, ob er ihn jemandem in die Feder diktiert hat, oder ob das Werk erst lange nach Homer schriftlich fixiert wurde, ist ungewiß. Das scheint auch unwichtig, wenn man diese ersten Worte bedenkt. In ihnen findet man keinen Dichter, nur die Muse, deren Gesang nicht an den Wandel der Zeiten gebunden ist.

Doch was waren das für Gestalten, diese Musen, und zunächst: Von wem stammten sie ab?

Kronos zeugte mit Gaia die Tochter Mnemosyne, welche allgemein als Mutter der Musen genannt wird. Später heiratete Zeus seine Halbschwester Mnemosyne (denn er selbst stammte

---

[1] Der berühmte Eingangsvers der *Ilias* des Homer.

ja von Kronos und Reha ab). Beim Hochzeits-
fest soll er die anderen Götter gefragt haben,
was denn auf dem Olymp und auf der Erde
noch fehle. „Jene, die uns rühmen! " antworte-
ten die Götter. Daraufhin verbrachte Zeus neun
Nächte mit Mnemosyne; nach einem Jahr gebar
sie neun Töchter, die alle musikalisch waren.
Sie gesellten sich dem Gott Apollon bei und be-
wirkten wohl, daß aus dem oft schrecklichen
„Fernhintreffenden" auch der wohlgesonnenere
„Musenführer" wurde. Bei den olympischen
Festmählern sangen die Musen und rühmten in
ihren Liedern die Götter. Auch ihre späteren
Schützlinge, die Dichter sahen nicht nur in antiker Zeit ihre Aufgabe darin, Götter, Herrscher
oder Helden zu preisen. Homer, Pindar und
Vergil sind nur einige der vielen *„zum Rühmen
bestellten"*[2] . Doch von den Dichtern später.

In der Überlieferung war jedoch nicht immer
von neun Musen die Rede. Antipatros von
Sidon nennt in einem Epigramm nur drei:
Mneme, Melete und Aoide. Betrachtet man die
Namen dieser drei Musen, erkennt man die

---

[2] Siehe: Rainer Maria Rilke: Sämtliche Werke. Hrsg. Vom
Rilke-Archiv in Verbindung mit Ruth Sieber-Rilke. Besorgt
durch Ernst Zinn. 6 Bände. Wiesbaden/ Frankfurt am Main
1955-1966. Neuaufl. Frankfurt am Main 1987. Bd. 1, S.735.

Hauptzuständigkeiten auch der späteren Neun: Erinnern, eifrige Übung (im Reden) und Singen.[3]

Homer spricht im zweiten Gesang der Ilias von neun Musen, wobei diese Stelle als Beleg der Neunzahl nicht zuverlässig ist, weil sie vermutlich in späterer Zeit interpoliert wurde, damit in der Literatur ein insgesamt schlüssigeres Bild entstehe. Bei Hesiod schließlich begegnen wir allen neun Musen im Proömium der Theogonie. Er nennt sie bei ihren sprechenden Namen: Kleio, die Rühmende; Euterpe, die Wohlgestimmte; Thalia, die Blühende; Terpsichore, die sich am Chor erfreut; Erato, die Geliebte; Melpomene, die Singende; Polyhymnia, die Liederreiche; Urania, die Himmlische. Die Vornehmste aber, so sagt Hesiod, sei Kalliope, was übersetzt *„schöne Stimme"* heißt.

Auch andere Mythologien betonen die Vorrangstellung Kalliopens, manche sagen, sie sei die älteste der Musen, andere bezeichnen sie als die Mutter der sagenhaften Sänger Orpheus und Linos. Im klassischen Verständnis der Zuständigkeiten, welche die Musen ausfüllen, ist Kalliope das Epos zugeordnet, die erhabenste

---

[3] Vgl. Schrott, Raoul: Die Musen, S. 110.

Gattung der antiken Literatur. Trauerspiel und Komödie beschützen jeweils die Musen Melpomene und Thalia, während die Liebesdichtung Erato untersteht. Die wirklich musischen Musen wären demnach Terpsichore für den Tanz, Polyhymnia für das Saitenspiel und Euterpe für das Aulosspiel. Sternenkunde und Geschichtsschreibung hingegen werden von Urania und Kleio repräsentiert.

Bis auf Hesiod ruft kein Dichter alle neun Musen mit Namen an. Zumeist beschränkt sich der Dichter auf eine nicht näher bezeichnete Muse oder auf mehrere, deren Zahl wiederum ungewiß ist.

Doch wenn Homer beginnt: „Singe, o Muse, ... ", hat man als Zuhörer das Gefühl, als fände der Dichter es müßig, alle Musen zu beschwören, wo doch nur alle zusammen die ideale Einheit vollendeten Künstlertumes repräsentieren.

Ὅμον ὀῦσιν", die zugleich seienden nennt Plutarch[4] die neun göttlichen Schwestern in einer Pseudoetymologie, die aus dem Aspekt der Komplettheit heraus betrachtet, gar nicht so

---

[4] Plutarch, De fraterno amore 6.

falsch sein kann.[5]

Wie gesagt ist die Mutter der Musen Mnemosyne, die Herrin des Berges Eleutherai. Ihr Name bedeutet soviel wie „Gedächtnis" oder „Erinnern".

Neben der reinen Inspiration ist auch das Gedächtnis vergangener Dinge wichtig für den Dichter, wenn er nicht nur aus dem bloßen Gefühl heraus, sondern auch aus Erfahrung dichten will, so wie es später auch Rilke im Malte Laurids Brigge verlangt. Eine Vorstellung künftiger Dinge im Rahmen der Dichtung ist also ohne die Erinnerung und Bezugnahme auf Altes überhaupt nicht möglich. Verurteilt sich unter diesem Aspekt eine Dichtung, die alles Alte wie Fesseln abstreift nicht selbst, wenn sie von sich behauptet, mehr und besser zu sein als ihre Vorfahren und diese sogar leugnet?

Mnemosyne, das rechte Erinnern, verhilft dem Dichter zu einer Nähe, wenn er Dinge besingt, die seiner Zeit fern sind und zu einer Distanz bei Dingen, die seine Zeit und sein Umfeld

---

[5] Am ehesten macht es Sinn, sich die Musen als Neunheit vorzustellen, sie von einem gemeinsamen Willen durchwaltet wird, ähnlich der Dreieinigkeit Gottes als Vater, Sohn und heiliger Geist.

direkt betreffen.

So verhielt es sich, und der antike Dichter wußte sehr wohl, daß er sich ehrfürchtig den Musen gegenüber erweisen mußte.

Selbstverständnis des antiken Dichters

Der Beginn der Ilias *„Singe, o Muse ... "* zeigt sehr deutlich die Abhängigkeit des Dichters von der Göttin; denn nicht der Dichter singt, sondern die Muse. Das würde bedeuten, daß der Dichter nicht der Schöpfer seines Werkes ist, sondern nur das Medium, das empfängt und niederschreibt, was ihm die Muse eingibt. Ob man sich die Dichter der Antike deshalb wie den beidhändig schreibenden, zweifellos ebenfalls göttlich inspirierten Johannes auf Patmos vorzustellen habe, ist nicht sehr wahrscheinlich. Gewiß aber war die Dichtung etwas Göttliches, was vom schöpfenden Menschen allein nie hätte hervorgebracht werden können. So verstanden sich die Dichter der Vorzeit bis um etwa 800 v. Chr. mehr als Seher und Magier denn als Sänger vor einem Publikum, das unterhalten werden wollte. Der Aoidos war Verkünder göttlichen Willens und als solcher der

Muse unbedingt ergeben. Homer siedelt seinen Sänger Demodokos, der beim Gastmahl der Phaiaken singt, in der Nähe zur Priesterschaft an: Als er erblindete, gaben ihm die Musen den Gesang. Es ist geradezu topisch, daß die wahren Seher das Augenlicht verloren haben. Blind für diese Welt, vermögen sie Dinge zu erblicken, die tief in der Seele der Menschen verborgen sind.[6]

Doch schon zur Zeit Homers begann sich das Bild des Sängers zu wandeln: Kitharroede und Rhapsode lösten den religiös orientierten Aoidos ab, wobei ersterer für das Vergnügen des Volkes sang, zweiterer aber bei den Gelagen der Adeligen und Könige die Gesellschaft unterhielt, wie Demodokos und Phemios in der Odyssee. Diese weltlichen Sänger priesen in erster Linie die Taten ihres Volkes und dessen Helden, wobei sie zumeist nicht eigene Werke vortrugen sondern beispielsweise Homers Epen rezitierten und so auf eigenen Dichterruhm weitgehend verzichteten.

Bald schlossen sich die Sänger in fest organisierten Gruppierungen zusammen, die nach dem Schüler-Lehrer-Priester-Prinzip geordnet

---

[6] Homer: Odyssee θ 63ff.

waren und sich ohne weiters mit den Handwerkszünften Europas seit dem Mittelalter vergleichen lassen. Durch die von den Lehrern vermittelte Erlernbarkeit von Dichtung, entstand nochmals eine neue Art der Wortkunstschaffenden, die wir auch heute noch kennen: die Poeten, was übersetzt soviel heißt wie „Macher" oder auch: „Schöpfer". Mit dieser Entwicklung geht zwangsläufig eine Entfernung vom traditionellen Dichterbild einher. Nicht mehr die Musen sind Urheber eines Werkes sondern die Dichter selbst. Inwiefern also die Musenanrufung am Beginn eines Werkes bloße Formel ist, oder ob der Dichter nach wie vor den Musen den Keim seiner Dichtung zuspricht, kann nur schwer gesagt werden.

Sicher jedoch ist, daß sich die neue Poetenschaft in zwei womöglich ungleich große Teile spaltet: Auf der einen Seite die (Re-)Produzenten von Lyrik und auf der anderen Seite die wahrhaft Enthusiasmierten; jene, die Berufsdichter sind und jene, die zum Dichter berufen wurden.

Und die Berufung, die Weihe eines Dichters geschah durch die Musen.

Dichterweihe

Hesiod: Der fromme Sänger

Lange Zeit bevölkerte eine unüberblickbare Vielzahl von Göttern, Titanen, Ungeheuern, Nymphen und Tritonen alle Bereiche des Kosmos. Als es in Griechenland noch keine Staatsreligion im eigentlichen Sinne gab, genossen bei einem Großteil der Menschen lokale Gottheiten und Elementargeister wie zum Beispiel die Nymphen ein eben so großes Ansehen wie die sogenannten olympischen Götter.

Hesiod war ein Hirte, der um 800 v. Chr. in dem kleinen Dorf Askra am Fuße des Helikon wohnte. Ganz wie seine Zeitgenossen ist er von der Allbeseeltheit der ihn um¬gebenden Natur überzeugt, und auch er glaubt, daß diese Geister, deren Stimmen im Rauschen des Blattwerks hörbar werden, sich als Nymphen in der Gestalt schöner Jungfrauen zeigen.[7] Als Hesiod eines Tages mit seiner Herde im Tal unterhalb des Helikon lagert, erscheinen ihm neun Frauen. Es sind die Musen, die den Schäfer

---

[7] Auch Steisichoros erzählt die Geschichte vom Hirten und Nymphenfreund Daphnis.

dazu auffordem, das Leben der Götter und ihre Herkunft zu beschreiben.

Im Prooemion seiner Theogonie, was man am besten mit „Götterstammbaum" wiedergibt, beschreibt Hesiod seine Weihe zum Dichter. Das ist ein absolutes Novum, denn vor ihm beanspruchte es kein Dichter, von den Musen selbst zu seinem weitge¬hend selbständigen Schöpfertum berufen worden zu sein.[8]

Ausschnitte aus diesem mit 115 Versen vielleicht längsten Prooemion der Antike mögen genügen, um zu zeigen, wie Hesiod den Musen begegnet, welche Bedeutung er ihnen zumißt und wie sich seine Dichterweihe ereignet.

---

[8] Vgl. ergänzend hierzu Kondoleon: *„Jetzt ist auch die Beziehung des Dichters zu den Musen eine andere geworden. In der Epik wissen die Musen alles Vergangenheit – Gegenwart und Zukunft. Doch was sie dem Dichter einflüstern, das sind die Götterhymnen und die Taten der früheren Heroen, nicht das Verhalten innerhalb der gegenwärtigen Wirklichkeitswelt, die in der Zeit, die die Epen entstehen sah, nicht von Belang war. Bei Hesiod sieht man vielleicht klar den Wandel in der Rolle, die der Muse zukommt: In der Theogonie sind es die Musen, die ihren ganzen Inhalt erzählen; in den ‚Erga' aber werden die Musen nur angerufen, um Zeus zu rühmen. Das ganze Gedicht ist aber nur schwerlich als Loblied auf Zeus zu betrachten. Die ‚Erga' beziehen sich auf die wirkliche, den Dichter umgebende Welt."*

„Von helikonischen Musen will ich mein Singen beginnen,
Die an dem großen, heiligen Berg, dem Helikon, wohnen,
Die um die veilchenfarbene Quelle auf zierlichen Füßen
Tanzen und rings um die heilige Stätte des Herrschers

Kronion.

Wenn die zarten Glieder ein Bad im Permessos erfrischt hat
In der Quelle des Hippos, im heiligen Flusse Olmaios,
Machen sie Helikons höchste Höhen zum Tanzplatz und

drehen

Schöne, reizende Reigen auf ihm mit wirbelnden Füßen
Doch nach Anbruch der Nacht, gehüllt in dunstige Schleier
Steigen sie nieder und lassen schöne Gesänge ertönen [...]"
(V.1-10)

Helikonische Musen sind der Beginn des Dichterliedes. Doch wurden die Musen zuvor nicht immer „die Olympischen" oder „die Pierischen" (nach einer Landschaft am Fuße des Olymp, wo die Musen auf die Welt gekommen sind) genannt? Geschickt versetzt Hesiod die Musen an den Helikon, so daß man, wüßte man es nicht, denken könnte, sie gehörten seit jeher auf diesen Berg. Ganz unbefangen nehmen sie ein Bad im Permessos oder in der Hippokrene, um dann auf den Höhen des Helikon wie anmutige Mädchen zu tanzen. Götter, vor denen man sich furchten müßte wie vor Zeus Kronion oder dem Erderschütterer Poseidon sind die schönen Neun sicherlich nicht, wenn sie die

eulenäugige Athene und die goldbeschuhte
Hera und alle anderen Olympischen besingen.

Auch Hesiod soll rühmen und künden, deshalb
besuchten sie ihn ja:

„[...]
Diese nun lehrten einst auch Hesiodos schöne Gesänge,
Als er am Fuße des heiligen Helikon Lämmer gehütet.
Solche Rede vernahm ich zuerst von den göttlichen Frauen,
Den olympischen Musen, den Töchtern des Herrschers der
Aigis:

Hirten auf freiem Feld, Gesindel gierige Bäuche,
täuschend echte Lügen wissen wir viele zu sagen,
Wahres jedoch, wenn wir wollen, wissen wir gleichfalls zu
künden

Solches sprachen zungenbehende die Töchter des großen
Zeus und brachen den Zweig eines sprossenden Lobeers und
gaben
Mir in die Hand den herrlichen Stab.⁹ Und hauchten die
Stimme
Mir, die göttliche ein, zu sagen was war und was sein wird,
hießen mich preisen den Stamm der ewig seligen Götter,
Aber am Anfang und Ende des Liedes sie selbst zu besingen.
[...]" (V.25- 39)

Hesiod beginnt, die Situation zu schildern,

---

⁹ So heißt es in der Übersetzung der zitierten Ausgabe. Ich jedoch würde die lectio difficilior δρέψασθαι vorziehen, wie ich
an anderer Stelle erläutern werde.

wobei er zuerst in der dritten Person von sich spricht. Dem einsamen Hirten im Gebirge erscheinen jene, die Hesiod ehrfurchtsvoll „göttliche Frauen" nennt. Die Musen hingegen haben für den Hirten zunächst nur Schmähworte übrig. Hirten auf freiem Feld sind doch nur Herumtreiber, die nichts als Fressen im Sinn haben. Mit dieser harschen Anrede machen sie Hesiod deutlich, daß die Menschenklasse, der er als Hirte zugehört, bei Göttlichen in keinem hohen Ansehen steht. Drastisch führen sie ihm vor Augen, was er ist, nämlich ein einfacher, unfeiner Bauer, der sie nicht weiter interessiert. Aber sie sind es, die Hesiod aus der Plumpheit und Ungebildetheit des ländlichen Lebens herausheben, indem sie ihn zum Dichter machen. Ehe sie ihn weihen, erzählen sie ihm von ihrem Amt, sowohl täuschend echte Lügen ($\psi\varepsilon\tilde{\upsilon}\sigma\mu\alpha$) als auch die Wahrheit ($\dot{\alpha}\lambda\acute{\eta}\theta\varepsilon\iota\alpha$) zu künden.

Ist den Musen also nicht zu trauen, wenn sie Lügen im Munde führen?

Vielleicht sollte man „$\psi\varepsilon\tilde{\upsilon}\sigma\mu\alpha$" und „$\dot{\alpha}\lambda\acute{\eta}\theta\varepsilon\iota\alpha$" eher wie „Dichtung und Wahrheit" verstehen, oder – um in der antiken Begrifflichkeit zu bleiben – delectare et prodesse ". Schöne Geschichten, die der Dichter erfindet, erfreuen das Herz der Menschen. Die Wahrheit aber, die Fakten sollen die Zuhörer bilden und sie über Gewesenes und Gegenwärtiges in Kenntnis setzen. Zu letzterem fühlt sich Hesiod berufen. Nun könnte der heutige Leser einwenden, daß die Theogonie eine einzige Märchensammlung ist, doch für den Menschen um 800 v. Chr. sind Mythen keineswegs nur Metaphern oder gar ψεῦσμα, sie sind Teil der Geschichte und somit Realität. Dadurch, daß die Musen dem Hesiod so klar vor Augen führen, was poetisches Schaffen alles sein kann, und dadurch, daß sie „ἀλήθεια" zuletzt in ihrer Rede nennen, um alle Konzentration des Zuhörers darauf zu lenken, wird klar, wozu sie Hesiod auserkoren haben.[10] Vor dem Hintergrund archaischen Verständnisses, kann man die Theogonie, die Werke und Tage und die Ἧοῖαι ἤοίαi Hesiods ohne weiters der Gattung des Lehrgedichtes und somit den „ψεῦσμα" zuordnen, wohingegen die Epen des Homer - wenngleich sie einen wahren Kern beinhalten mögen - den „ἀλήθεια" zuzurechenen sind.

---

[10] Erst Livius wird ernstlich in Bedrängnis geraten, wenn er in seinem Geschichtswerk die sagenhafte Vorzeit Roms schildert - in einer Welt, in der Religion nicht mehr Glaubenssache, sondern Staatsangelegenheit war.

Kaum haben die Musen ihre Rede beendet[11], gerät Hesiod an den Lorbeerzweig. Denn es ist aus dem Text der Handschrift nicht eindeutig zu erkennen, auf welche Weise der Dichter zu seinem „σκῆπτρον" kommt: Pflücken ihn die Musen vom Baum und geben ihn dem Dichter, oder erlauben sie Hesiod, sich einen Zweig zu nehmen? Der Schlüssel zu diesen verschiedenen Deutungen liegt in den zweifachen Lesart δρέψασαι (Part. Perf. Akt. Fem.)/δρέψασθαι (Inf. Perf. Medium). Liest man Ersteres, pflücken die Musen den Zweig (die, welche pflückten, gaben); im zweiten Fall, ist es Hesiod (sie gaben, auf daß er sich pflücke). Ginge man weiter, ließe sich daraus schließen, daß im ersten Fall die Erscheinung der Musen real greifbar war, im zweiten Fall erfaßte den Dichter nur eine Ahnung ihrer Gegenwart, die Hesiod veranlaßt, zum Lorbeerbaum zu gehen und sich einen Zweig abzupflücken. Aus unserer heutigen, aufgeklärten Sicht, ist es kaum noch entscheidbar, welche Version den damaligen Lesern plausibler erschienen wäre.[12] Doch es

---

[11] Eigenartig: Sprechen die Musen den Text hintereinander oder durcheinander oder miteinander? Plutarchs „Ὅμον οὖσιν" scheint doch nicht so aus der Luft gegriffen.
[12] Schon Kallimachos wird in seiner Dichterweihe, die er im Prolog der Aitien schildert, den Musen nicht mehr in der

paßt mehr in das Bild dieses selbstbewußten Dichters, daß er auf Geheiß der Musen, sein Schöpfertum selbst in die Hand nimmt. Zuletzt hauchen sie ihm die göttliche Stimme ein, mit der er verwirklichen soll, was er sagen will: Hesiod ist zwar sein eigener Dichter, doch seine fromme Ergebenheit den Musen gegenüber läßt die ursprünglich religiösen Züge des archaischen Dichtertums nicht verblassen, vielleicht, weil Epos und Lehrgedicht stark mit dem Kultus verknüpft sind.

Doch wie erleben lyrische Dichter ihre Weihe?

Archilochos: Der Jambensänger und lachende Musen

Etwa hundert Jahre nach Homer und Hesiod lebt Archilochos von Paros, den man als den ersten griechischen Lyriker bezeichnet. Seine Dichtung ist von einer ganz besonderen Subjektivität geprägt, die man bei den Epen vergeblich sucht. Auch handelt seine Lyrik nicht

---

Realität begegnen – im Traum sieht er sich auf den Helikon versetzt.

von Göttern und Helden, sondern von Liebes-
abenteuern, Verspottungen und Ablehnung
des „Krieges um des Krieges willen." Er ist
auch nicht adelig, sondern ein Mann aus dem
Volk, einer, der als Berufssoldat „ein Diener des
Ares und seiner Meute" ebenso ist, wie einer,
der „kundig des lieblichen Musengeschenkes"
ist. Man könnte Archilochos in der modernen
Begrifflichkeit als einen Hobbydichter bezeichnen, der schreibt, was er will, weil er von seiner
Kunst nicht leben muß und also auf reiche Gönner und ein Publikum nicht angewiesen ist. Da
er hauptsächlich jambische Spottdichtung
schreibt, werden ihm die Musen anders begegnet sein als dem Hesiod.

Und in der Tat: Auch Archilochos hat eine ganz
persönlich gestaltete Dichterweihe erlebt, doch
ist aus seiner Feder kein Wort davon überlie-
fert. Erst bei Ausgrabungen, die man 1949 in
Paros durchführte, kam eine Art Archilochos-
Denkmal ans Licht, auf dessen Fundamenten
ein gewisser Mnesiepes im 3. Jahrhundert v.
Chr. unter anderem folgenden Text meißeln
ließ:

„[...] Es heißt, daß Archilochos, als er noch jung war, von seinem Vater Telesikles an einen Ort namens Leimones geschickt wurde, um eine Kuh in die Stadt zu treiben und sie zu
verkaufen. Er stand sehr früh, fast noch Nachts /früh in der
Nacht[13] auf, als der Mond schien, um sie zu holen; als er in
die Nähe des Ortes Lissides kam, sah er eine Gruppe von
Frauen, und da er annahm, daß sie auf dem Weg von der
Feldarbeit in die Stadt waren, näherte er sich ihnen, und begann, freche Lieder auf sie zu singen. Sie hörten ihm lachend
und scherzend zu und fragten ihn, ob er die Kuh auf den
Markt trieb um sie zu verkaufen. Archilochos nickte und sie
meinten, sie würden ihm einen guten Preis zahlen. Nach diesen Worten sah Archilochos weder die Kuh mehr noch die
Frauen, sondern nur mehr eine Leier, die ihm zu Füßen lag.
Er wußte zuerst nicht, was er davon halten sollte, aber dann
begriff er, daß ihm die Musen erschienen waren und ihm das
Instrument geschenkt hatten. Er hob es auf und kehrte nach
Hause zurück, wo er alles seinem Vater erzählte. Telesikles,
nachdem er alles gehört und die Lyra gesehen hatte, war über
diese Erzählung ganz verwundert und ließ auf der ganzen In-
sel nach der Kuh suchen, ohne daß sie jedoch gefunden worden wäre. [...]"[14]

---

[13] Grammatisch ist beides denkbar, letzteres aber plausibler,
weil er den Frauen begegnet, die von der Feldarbeit heimkom-
men, und damit ist der Abend als Zeit des Geschehens festge-
legt. Kambylis ergeht sich mehrere Seiten lang in spitzfindi-
gen Überlegungen zu dieser Frage. Vgl. Kambylis S. 136-140.
[14] S. Schrott S. 63f. Schrott gibt dort nur seine Übersetzung an,
nicht aber den originalen griechischen Text. Da Schrott im Allgemeinen recht unternehmungslustig übersetzt, zog ich die
die griechischen Textstellen, die Kambylis in Hermes 91 ab-
druckt, heran, um die Schrott-Übersetzung abzugleichen.

Obwohl die jeweiligen Begegnungen der beiden Dichter mit den Musen unterschiedlicher nicht sein können, fallen zunächst die Parallelen auf. Genauso wie Hesiod war Archilochos ein einfacher Jüngling, den die Musen bereits in seiner Jugend zu Höherem ausersehen hatten. Beiden angehenden Dichtem erscheinen die Musen in der Einsamkeit des Gebirges, wo das Zusammentreffen sozusagen unter Ausschluß der Öffentlichkeit stattfindet und somit zum intimen Akt der Vertraulichkeit zwischen Menschen und Göttern wird.

Doch die Art und Weise, wie Archilochos im Gegensatz zum frommen Hesiod mit den Musen umgeht, und wie sie sich ihrerseits in der Konsequenz ihm gegenüber verhalten, könnte unterschiedlicher nicht sein.

Daß Archilochos sich vor allem durch sein loses Mundwerk auszeichnet, scheinen ihm die Musen nicht übel zu nehmen; denn kaum sieht er die Neun, beginnt er, unwissend, wen er da vor sich hat, Spottverse und freche Lieder zu singen (σκόπτειν), Lieder, wie sie später den Großteil seines Werkes ausmachen werden. Doch die Musen sind nicht etwa beleidigt, nein, sie lachen und scherzen sogar und bekunden so ihren Gefallen an Archilochos' kruden Weisen. Scheinbar um abzulenken, fragen sie nach der Bestimmung der Kuh und verheißen dem Jüngling, einen guten Preis für das Tier zu zahlen. Vielleicht nahm Archilochos dieses Angebot erst nicht recht ernst, und vielleicht war er schon wieder dabei, sich neue Frechheiten auszudenken, als er urplötzlich bemerkt: Die Frauen sind weg, die Kuh auch. Ehe er sich darüber Gedanken machen kann, wie dieser Betrug zuging, bemerkt der Erstaunte, daß die Frauen ihm doch etwas zurückgelassen haben: Eine Lyra. Da erkennt er, daß die Frauen niemand anderer gewesen sein konnten als die neun Musen, die ihn eben dazu bestimmt hatten, jenes Instrument aufzunehmen, das dieser Art der Dichtung den Namen verleihen sollte und zu singen.

Der Vater will seinem Sohn jedoch erst nicht glauben; in der Meinung, ganz gewöhnliche Frauen hätten seinen Sohn um die Kuh geprellt und ihm als Gegengabe ein – in seinen Augen wohl wertloses – Instrument hinterlassen, sorgt er dafür, daß sofort ganz Paros nach seinem Vieh abgesucht werde, allein, die Mühe ist umsonst. Die Kuh bleibt unauffindbar. Erst ein

delphischer Orakelspruch kann ihn davon
überzeugen, daß sein Sohn unsterblichen
Ruhm durch die Dichtkunst erwerben werde –
die Götter wollten es so. Die Skepsis des Vaters,
der wie jeder nüchtern denkende Mensch zuerst an einen Betrug glaubt, steht im Gegensatz
zu der leichtfertig anmutenden Vertrauensse-
ligkeit des Jünglings Archilochos, der wie ein
Hans im Glück die materiell wertlosere Tausch-
gabe annimmt und das Beste aus ihr macht. So-
weit möchte ich nicht gehen, zu sagen, daß Archilochos mit diesem „unfairen" Tauschhandel
die Brotlosigkeit[15] seines späteren Dichtertums
vor Augen geführt wurde. Vielmehr zeigt das
Verhalten des offenbar materiell orientierten
Vaters, nämlich einen dummen Streich zu ver-
muten und folglich die Kuh zu suchen – denn
vom Erdboden kann sie ja so gesehen nicht verschwunden sein –, daß sich der Wert der Dichtkunst mach materiellen Kriterien nicht vermitteln läßt. Die Meßlatten Gewinn – Verlust,
rentabel – unrentabel haben in der Kunst keine
Bedeutung. Vielleicht rechnete sich so manch
ein „Poet", ein „Macher", wie ich den Be-
rufs¬dichter eingangs nannte, einen Vorteil

---

[15] Denn vom Dichten lebt er später ja nicht, er sagt „Mein
Speer verdient mir das Geld. " Vgl. Archilochos, S. 30.

aus, wenn er für ein bestimmtes Publikum schrieb oder für einen Gönner, der ihn aushielt, aber dafür den Anspruch stellte, in den Liedern verherrlicht zu werden.[16] Doch der berufene Dichter – und zu so einem machten die Musen Archilochos – sagt, was er will, nicht, was zu sagen andere Leute ihm befehlen.

Hesiod widmete sich, wie wir wissen, dem Lehr-Epos, Archilochos der spottenden, witzigen Jambendichtung. Im ersten Fall waren es die Musen selbst, die die Form vorgaben, im anderen Fall, legitimierten sie die Vorliebe des Jünglings für freche Gesänge mit der Dichterweihe.

Aber nicht immer ist es für den jeweiligen Künstler so klar, welche Art des Dichtens die richtige sei.

---

[16] Nicht unproblematisch erscheinen in diesem Zusammenhang Pindars Epinikien. „Ein Mann, der auf Bestellung lobte" schlagzeilte unlängst Rolf Vollmann in einem Zeitungsartikel über Pindar. Horaz bemühte sich vor allem in seinen Satiren, immer wieder herauszustellen, daß Maecenas ihn freiwillig in seinen Kreis berufen habe und er sich den Zutritt nicht durch Anbiederei erschlichen habe. Vgl. Sat. I 8.

Properz: Der verirrte Dichter und die geliebte Muse

Um ein Haar wäre Sextus Propertius Annalendichter oder Epiker geworden. Als er nämlich im Traum auf eigene Faust den Helikon bestieg und dort seinen durstenden Mund der Quelle Hippokrene entgegenneigte, um zu trinken wie schon „Vater Ennius", da erscheint plötzlich Apoll. Niemand, so der Musenführer, habe es Properz angeschafft, durch den Trunk aus der Hippokrene zum Heldensänger zu werden. Daraufhin weist er den verirrten Sänger auf den ihn bestimmten, richtigen Weg zu einem locus amoenus, wo in einer künstlich angelegten Felsgrotte eine Quelle murmelt und die Instrumente der Musen nebst den Standbildern von Dionysos und Pan aufgestellt sind. Die „neun Mädchen" flechten Blumenkränze, stimmen ihre Lyren oder sammeln Efeu für den Thyrsosstab. Da tippt eine von ihnen – Properz rät richtig, daß es sich um Kalliope handelt – ihn an und meint, daß er lieber mit dem Schwanengespann fahren solle, als den Musenhain mit Schlachtenblut zu besudeln. Es sei besser, er sänge für Verliebte und heimlich Liebende.

Daraufhin benetzt Kalliope Properz' Mund mit Wasser aus der Grottenquelle Aganippe und er ist elegischer Dichter.

Das Genus Grande war in der Antike unbestritten das Epos, seine säkularisierte Form war die Geschichtsschreibung. Wer wird es da Properz verübeln, daß er, begeistert von seinen Vorbildern, nach den höchsten Höhen verlangte? Aber die Musen und Apoll haben ihn für anderes ausersehen: die Liebesdichtung.

Konsequenterweise müßte seine Schutzherrin die Muse Erato sein, die ihn zu zärtlichen Worten inspiriert, doch trotz seines Traumes von der Dichterweihe, die ihn ausschließlich den Musen verpflichtet, ist Properz ein Mann, der mitten im Leben steht und der zumeist dieses Leben durch seine Kunst beschreibt. Welche Person könnte ihn dann mehr zur Liebesdichtung inspirieren als die eigene Geliebte?

Damit scheint sich ein Konflikt zwischen realem Leben und traditionellem Dichtertum anzubahnen, da ja die Geliebte als Inspirationsquelle in Konkurrenz zu den Musen tritt. Properz jedoch zieht sich geschickt aus der Affäre: Er macht seine Freundin zur Schwester der Musen und also ihnen ebenbürtig; dabei schildert er die Angelegenheit gerade so, als hätten Apoll, Dionysos und die Musen selbst es nicht anders gewollt.

Beispielhaft seien Ausschnitte aus den Elegien 12, II 1, II 3 und II 30.

In seiner zweiten Elegie des ersten Buches mahnt Properz seine Geliebte, sich aufzuputzen und so mit unnatürlichem Zierrat ihre natürliche Schönheit zu überdecken, die ihr von Venus verliehen wurde. Nachdem er, wie schon Ovid in seiner Ars amatoria, einige Beispiele aus dem Mythos angeführt hat, nennt er eine weitere Gabe, die Cynthia verliehen wurde:

cum tibi praesertim Phoebus sua carmina donet
Aoniamque libens Calliopea lyram, unica nec desit
iucundis gratia verbis,
omnia quaequae Venus, quaequae Minerva probat.[17]

Wir hören es: Phoebos Apollon selbst schenkte ihr die Kunst des Gesanges und Kalliope überreichte ihr die Aonische Lyra, das den Musen

---

[17] *„weil dir ja vor allem Phoebus seine Lieder schenkt und Calliope gern die Aonische Lyra, damit nicht die einzige Eirfreulichkeit den angenehmen Worten abgehe.“*

eigene Instrument. Gleich am Beginn der vier Elegienbücher stellt Properz Cynthia als eine von den feinsinnigen Gottheiten begnadete Frau hin. In der Elegie II 3 preist der Dichter ein weiteres Mal die musischen Fähigkeiten der Geliebten:

quantum quodposito formose saltat Iaccho, egit ut euhantes dux Ariadna choros, et quantum, Aeolio cum temptat carmina plectro, par Aganippae ludere dochta lyrae, et sua cum antiquae committit scripta Corinnae: carmina, quae quivis non putat aequa suis. [...] "[18]

Noch ausführlicher wie in der zuerst genannten Elegie, schildert Properz in II 3 Cyn- thias Fähigkeiten: Sie tanzt so anmutig, daß sie Ariadne als Führerin des Bacchische

Thiasos ablösen könnte. Das „Äeolische Plectron" ist ein Verweis auf Sappho, die ihrerseits von Platon in einem Epigramm „die zehnte

---

[18] *„Wie schön sie tanzt, wenn Bacchus' Gabe aufgetragen ist und den jubelnden Chor anführt wie Ariadne und wie sehr sie, wenn sie Lieder versucht mit dem Aeolischen Plectron, gleich gelehrt mit der Aganippäischen Lyra singt und ihre Gedichte an denen der alten Dichterin Corinna mißt, die jeder gewiss nicht mit seinen vergleicht."*

Muse" genannt wurde. Die lyrische Dichtung ist überdies Cynthias Metier. Die „Aganippäische Lyra" ist ein Hinweis auf die Herkunft dieser Dichtung von einem Trunk aus der Quelle Aganippe am Fuße des Helikon, die Properz ja erst verschmähen wollte. Ohne weiters könne sich Cynthia im Gesang mit Corinna messen, einer Dichterin, die zur frühen Kaiserzeit in Rom ein hohes Ansehen genoß.

Doch Properz stellt Cynthia nicht nur in ihrem großen Können den Musen an die Seite, auch die Kraft, ihn, den Dichter zu begeistern ist ihr zu eigen, nur daß sie nicht zu Heldensang und Götterliedern begeistert, sondern zu zarten Liebesgedichten. Am Anfang des Widmungsgedichtes für Maecenas (II1) rechtfertigt sich Properz:

„Qnaeritis, unde mihi totiens scribantur amores.
Unde meus veniat mollis in ora liber.
Non haec Calliope, non haec mihi cantat Apollon;
Ingenium nobis ipsa puella facit. [...]"[19]

---

[19] ..."*Fragen mögt ihr mich, woher meine Amores kommen, warum mein verweichtliches Buch in aller Munde ist. Nicht singt mir das Kalliope, nicht Apollon. Das Mädchen selbst macht meine Begabung aus.*"

Hier steht es ganz genau: Nicht Calliope oder Apollon sind die Begeisternden, sondern die Geliebte macht seine Begabung aus („ingenium facit"). Trotzdem sondert Cynthias Zuständigkeit für die Amores sie nicht von den traditionellen Musen ab. Immerhin haben diese einiges gesehen und besungen, sonst wüßte die Nachwelt nichts davon:

"antiqui furta Iovis
ut Semela est combustus ut deperditus Io.
Denique ut ad Troiae tecta volarit avis.
[...]
hic quoque non nescit, quid sit amare, chorus,
si tamen Oeagri quaedam compressa figura
Bistoniis olim rupibus accubuit.
[...]
hic ubi te prima statuent in parte choreae
et medius docta cuspide Bacchus erit,
tum capiti sacros partiar pendere corymbos:
nam sine te nostrum non valet ingenium."[20]

Es sind die Liebesabenteuer des Zeus, die die

---

[20] *„…sie besangen die früheren Affären des Zeus, wie er nach Semele brannte und nach Io ganz verrückt war. Schließlich, wie er als Vogel nach Trojas Häusern flog…Dieser Chor weiß freilich ganz genau, was lieben heißt, wenn eine auch dem Oiagros, als sie ihn mit ihrer Schönheit bezauberte, auf dem Felsen Thrakiens beilag… Wo sie dich (Cynthia, Anm. d. Verf) in die erste Reihe beim Chortanze stellen und in die Mitte, wenn Bacchus mit erfahrenem Stabe da sein wird; da wird vom Haupte dir das heilige Laub hängen: Denn ohne dich vermag mein Geist nichts…"*

Musen belauscht haben und in ihren Liedern, die sie den Mythensängern einhauchten, weitergegeben haben. Außerdem glühte für die vornehmste unter ihnen, Kalliope, einst Oiagros, mit dem die Muse den Orpheus zeugte. Liebesunerfahren sind die Musen also keineswegs.

Ganz vorne im Chortanz stehend und in der Mitte, wenn Bacchus Bromios, der Begeisternde, da ist, und bekränzt mit dem heiligen Laub, ist Cynthia die erste der Musen:

„Ohne dich vermag mein Geist nichts."

Die Geliebte, nicht mehr die Musen, oder eine von ihnen, ist dem Dichter unentbehrlich. Doch obwohl Cynthia eine Entwicklung von der Nur-Geliebten zur Muse durchmacht, ist es richtiger, sie eine weltliche Muse zu nennen. Wenn man so will, steigt Cynthia von der sterblichen Welt in den Helikon auf, in dem der Dichter die Geliebte zur Muse erklärt. Das ist aber im Grunde nichts anderes als würde eine Frau durch Heirat zu einem höheren gesellschaftlichen Status gelangen.

Die Muse aber ist von natürlichem Adel; Wem sie sich neigt, der wird erhoben, wenn er es will.

Hölderlins Diotima

Aufklärung und Sturm und Drang

Der Dichter des 18. Jahrhunderts hat sich von der Muse weitgehend emanzipiert. Bis auf Klopstock (und andere wenig bekannte Ausnahmen) will sich seit der Aufklärung und vor allem seit dem Sturm und Drang niemand mehr zu einer göttlichen Inspirationsquelle bekennen. In seinem Reimversepos Oberon ruft Christoph Martin Wieland freilich eine Muse an, doch die Art und Weise wie er sie dem Leser vorführt, zeigt, daß er sie insgeheim belächelt:

„Noch einmahl sattelt mir den Hippogryfen, ihr Musen,
Zum Ritt ins alte romantische Land!
Wie lieblich um meinen entfesselten Busen
Der holde Wahnsinn spielt! Wer schlang das magische Band
Um meine Stirne? Wer treibt von meinen Augen den Nebel
Der auf der Vorwelt Wundern liegt?
Ich seh' in buntem Gewühl, bald siegend, bald besiegt,
Des Ritters gutes Schwert, der Heiden blinkende Säbel.
[...]
Erwartet das Ärgste wenn Oberon weint! –
Doch, Muse, wohin reißt dich die Adlersschwinge
Der hohen trunknen Schwärmerey?
Dein Hörer steht bestürzt, er fragt sich was dir sey,
Und deine Gesichte sind ihm geheimnisvolle Dinge.
Komm, laß dich nieder zu uns auf diesen Kanapee,

Und – statt zu rufen, ich seh', ich seh',
Was niemand sieht als Du – erzähl' uns fein gelassen
Wie alles sich begab. Sieh, wie mit lauschendem Mund
Und weit geöffnetem Auge die Hörer alle passen,
Geneigt zum gegenseitigem Bund,
Wenn du sie täuschen kannst sich willig täuschen zu lassen.
Wohlan! so höret denn die Sache aus dem Grund!"[21]

Wieland ist von der Begeisterung der Göttin bestürzt, obwohl er zunächst den Anschein erweckt, als würde er sein Epos im Sinne der Muse beginnen; skeptisch beäugt er jedoch dann jenen Einfluß der Muse, der wesenhaft für sie ist. Besser ist sie als Zuhörerin und aparte Gesprächsteilnehmerin auf dem Sofa aufgehoben als mit der Lyra in der Hand hinter dem Dichter Wieland stehend, der zwar vorhat, ein Epos zu schreiben, für das er aber die Muse nicht so recht brauchen kann, wenigstens nicht so, wie sie sich ihm zeigt. Die vorgestellte Szene erhält einen üblen Beigeschmack: Der Dichter, Herr seiner selbst, ruft die Muse oberflächlich-brav an, weil sich das am Beginn eines Epos so gehört (als Humanist lernt man das schließ-

---

[21] Wielands Werke in vier Bänden. Hrsg. von den nationalen Forschungs- und Gedenkstätten der klassischen deutschen Literatur in Weimar. Berlin und Weimar 1984 (Bibliothek deutscher Klassiker). Bd. 3, S. 169-171.

lich), aber als sie dann in ihrer episch tradierten Gestalt tatsächlich erschienen ist, da möchte Wieland sie auf dem Sofa sitzen sehen. Die wenig ernsthafte Wort- und Verswahl Wielands macht die Muse obendrein zur irrstammelnden Pythia; damit verkörpert sie die bedenklichste Auslegung des Begriffes „furor poeticus". Am liebsten würde Wieland der Sofagöttin noch ein Strickzeug in die Hand geben, um sie zu beschäftigen.

Nicht nur dem aufgeklärten Dichter müssen sich die Musen fügen, sondern auch dem genialischen. In Johann Wolfgang von Goethes Wanderers Sturmlied wendet sich das Lyrische Ich nämlich zunächst nicht an eine Muse, sondern an den Genius[22]. Dieser ist eine Art innere Stimme, die, Sokrates' Lehren zufolge, jedem Menschen eingeboren ist; das Genie gehorcht keinem Gott, es folgt eigenen Gesetzen.

Es versteht sich von selbst, daß die Musen nur schmückendes Beiwerk sein können. Im Gedicht glaubt das lyrische Ich des Wanderers,

---

[22] Goethe bezieht sich im ersten Teil seiner Hymne direkt auf das Gedicht III4 des Horaz Descende caelo. Die Formel „Wen du nicht verlässest, Genius" hat ihr Vorbild in Horazens „utcumque me- cum vos eritis" (V.29), mit dem der antike Dichter allerdings die Musen meint. Vgl. auch Schmidt, Seite 225 f.

sich mit Pythius Apollon an Göttlichkeit messen zu können.

*„Umschwebt mich, ihr Musen, Umschwebt mich, Charitin-
nen!" (V.28f.)*

Das ist eine klare Aufforderung, keine Bitte.[23]
Die „Wärme" (V.26f.), die der Genius selbst im
„Schneegestöber" (V.24) spendet, ist zweifellos
identisch mit der „Seelenwärme " (V.60) und
der „inneren Glut" (V.55) Pindars, den Goethe
im Gedicht an die höchste Stelle griechischer
Lyrik setzt. Doch nirgendwo im Werk dieses
griechischen Lyrikers wird den Musen befoh-
len, ihn zu umschweben, wie den Musagetes
Apollon selbst, nirgendwo vergleicht sich Pindar einem der Olympischen; das wäre schlicht-
weg undenkbar gewesen. Daß Pindar ein auto-
nomes Genie gewesen wäre, dessen Verse in
ungebundener Form hervorströmten, war nicht
Goethes einzige Fehlmeinung die Griechen be-
treffend. So klammerte er das chthonische

---

[23] Jochen Schmidt bringt diesen Umstand auf einen Punkt:
*„Während den antiken Dichtern die inspirierende Muse Anfang all
ihres Tuns ist, kann der von seiner eigenen genialen Schöpferkraft
ge¬leitete Dichter die Musen gleichsam herbeizitieren. "* Vgl. Jochen Schmidt, Die Geschichte des Geniegedankens in der
deutschen Literatur, Philosophie und Politik 1750-1945. Band
1. Darmstadt 1985, S.223.

Element aus der Kultur der Alten völlig aus und ersetzte es durch das Ideal der Humanitas. Seine Iphigenie ist daher vielleicht klassisch zu nennen, nicht aber griechisch. Doch an dieser Grundfeste des Griechentumes, das man sich nach seinen Vorstellungen zurecht gemacht hatte, wagte in der Weimarer Klassik niemand zu rütteln.

Diotima: Muse in musenfremder Zeit.

Goethe und Friedrich Schiller waren ab 1790 die Autoritäten, der eine, was das Genre des Romanes angeht[24], der andere im Bereich der Lyrik. Die jungen Dichter orientieren sich daher wie selbstverständlich an Schillers Wort- und Formwahl. Die Vorbildwirkung der beiden war so verbindlich, wie ihr Urteil manchesmal selbsteingenommen und konservativ war. Hin und wieder kann man sich des Eindruckes nicht erwehren, daß die beiden das Talent einiger aufkeimenden Dichter bewußt gering einschätzten und schmälerten, um selbst in ihrem Einfluß nicht zu verlieren.

Die Hymne Diotima von Friedrich Hölderlin, die anschließend ausführlich besprochen werden wird, fand keinen Eingang in Schillers Musenalmanach, eines der vornehmsten Jahrbücher für deutsche Lyrik im ausgehenden 18. Jahrhundert. Schillers Kommentar: „*Wenige bedeutende Züge in ein einfaches Ganzes verbunden, würden es zu einem guten Gedicht gemacht haben.*"

---

[24] Goethes *Wilhelm Meisters Lehrjahre* und *Wilhelm Meisters Wanderjahre*.

²⁵ Goethe rät dem jungen Dichter eher gelangweilt und oberlehrerhaft : ... *ein ganz einfaches idyllisches Factum zu wählen und darzustellen.“* [26] Dichter; für die Liebe nicht mehr ist als Koketterie und Lyrik ihr salonfähiger Ausdruck, die mögen sich ein *„Idyllisches Factum“* suchen. Vielleicht aber eignet sich die gereimte Lyriksprache mit ihrem seit der Barockzeit vorgezirkelten Satzbau nicht ganz für die tiefe Erschütterung, die der junge Dichter auszudrücken suchte.[27]

Lange tot und tiefverschlossen,
Grüßt mein Herz die schöne Welt;
Seine Zweige blühn und sprossen,
Neu von Lebenskraft geschwellt;
O! ich kehre noch in's Leben,
Wie heraus in Luft und Licht
Meiner Blumen selig Streben
Aus der dürren Hülse bricht.

Wie so anders ists geworden!
Alles, was ich haßt' und mied,
Stimmt in freundlichen Akkorden

---

[25] Zit. nach Beck: Hölderlins Diotima Susette Gontard. S. 200.
[26] Zit. nach Bertaux: Hölderlin. S. 167.
[27]Hölderlin, Friedrich: Diotima. In: Sämtliche Werke und Briefe, Bd. I, Gedichte. Hrsg. Von G. Mieth. Aufbauverlag, Berlin 1995, S. 287.

Nun in meines Lebens Lied,
Und mit jedem Stundenschlage
Werd' ich wunderbar gemahnt
An der Kindheit goldne Tage,
Seit ich dieses Eine fand.

Diotima! selig Wesen!
Herrliche, durch die mein Geist,
Von des Lebens Angst genesen,
Götterjugend sich verheißt!
Unser Himmel wird bestehen,
Unergründlich sich verwandt,
Hat sich, eh wir uns gesehen,
Unser Innerstes gekannt.

Da ich noch in Kinderträumen,
Friedlich, wie der blaue Tag,
Unter meines Gartens Bäumen
Auf der warmen Erde lag,
Und in leiser Lust und Schöne
Meines Herzens Mai begann,
Säuselte, wie Zephirstöne,
Diotimas Geist mich an.

Ach! und da, wie eine Sage,
Mir des Lebens Schöne schwand,
Da ich vor des Himmels Tage
Darbend, wie ein Blinder, stand,
Da die Last der Zeit mich beugte,
Und mein Leben, kalt und bleich,
Sehnend schon hinab sich neigte
In der Schatten stummes Reich;
Da, da kam vo'm Ideale,

Wie vo'm Himmel, Mut und Macht,
Du erscheinst mit deinem Strahle,
Götterbild! in meiner Nacht;
Dich zu finden, warf ich wieder,
Warf ich den entschlafnen Kahn
Von dem toten Porte nieder
In den blauen Ozean. –

Nun! ich habe dich gefunden,
Schöner, als ich ahndend sah
In der Liebe Feierstunden,
Hohe! Gute! bist du da;
O der armen Phantasien!
Dieses Eine bildest nur
Du, in ew'gen Harmonien
Frohvollendete Natur!

Wie die Seligen dort oben,
Wo hinauf die Freude flieht,
Wo, des Daseins überhoben,
Wandellose Schöne blüht,
Wie melodisch bei des alten
Chaos Zwist Urania,
Steht sie, göttlich rein erhalten,
Im Ruin der Zeiten da.

Unter tausend Huldigungen
Hat mein Geist, beschämt, besiegt,
Sie zu fassen schon gerungen,
Die sein Kühnstes überfliegt.
Sonnenglut und Frühlingsmilde,
Streit und Frieden wechselt hier
Vor dem schönen Engelsbilde

In des Busens Tiefe mir.

Viel der heil'gen Herzenstränen
Hab' ich schon vor ihr geweint,
Hab' in allen Lebenstönen
Mit der Holden mich vereint,
Hab', ins tiefste Herz getroffen,
Oft um Schonung sie gefleht,
Wenn so klar und heilig offen
Mir ihr eigner Himmel steht;

Habe, wenn in reicher Stille,
Wenn in einem Blick und Laut
Seine Ruhe, seine Fülle
Mir ihr Genius vertraut,
Wenn der Gott, der mich begeistert,
Mir an ihrer Stirne tagt,
Von Bewundrung übermeistert,
Zürnend ihr mein Nichts geklagt;

Dann umfängt ihr himmlisch Wesen
Süß im Kinderspiele mich,
Und in ihrem Zauber lösen
Freudig meine Bande sich;
Hin ist dann mein dürftig Streben,
Hin des Kampfes letzte Spur,
Und ins volle Götterleben
Tritt die sterbliche Natur.

Ha! wo keine Macht auf Erden,
Keines Gottes Wink uns trennt,
Wo wir Eins und Alles werden,
Das ist nun mein Element;

Wo wir Not und Zeit vergessen,
Und den kärglichen Gewinn
Nimmer mit der Spanne messen,
Da, da sag' ich, daß ich bin.

Wie der Stern der Tyndariden,
Der in lichter Majestät
Seine Bahn, wie wir, zufrieden
Dort in dunkler Höhe geht,
Wie er in die Meereswogen,
Wo die schöne Ruhe winkt,
Von des Himmels steilem Bogen
Klar und groß hinuntersinkt;

O Begeisterung, so finden
Wir in dir ein selig Grab,
Tief in deine Wogen schwinden,
Still frohlockend, wir hinab,
Bis der Hore Ruf wir hören
Und, mit neuem Stolz erwacht,
Wie die Sterne wieder kehren
In des Lebens kurze Nacht.

Das Gedicht ist noch ganz in der Schillerischen Lyriktradition der gereimten Hymne, deren bekanntestes Beispiel wohl An die Freude des Weimarers ist. Es ist das erste lyrische Zeugnis Hölderlins seiner Begegnung mit Susette Gontard. Sie war die Frau des reichen Frankfurter Bankiers Jakobus Gontard, dessen Sohn

Henri zu unterrichten Hölderlins Aufgabe als Hofmeister war. Bald stellte sich für Hölderlin heraus, daß der Sohn gelehrig und freundlich war und die Mutter eine außergewöhnliche Frau. Denn Susette ist unleugbar Hölderlins Muse, und das oben zitierte Gedicht ist eine Schilderung seiner Dichterweihe[28]. In fünf Strophentriaden gliedert sich die Hymne. Die ersten beiden Triaden zeichnen in zwei Durchläufen die Entwicklung des Lyrischen Ich zur freudigen Gegenwart auf. Die dritte Triade erzählt vom Erkennen Diotimas. Es findet ein Vergleich mit Urania statt. Eine „Wenn-dann"-Periode füllt die vierte Triade aus. In der fünften Triade ist von einem elysischen Zustand der Seelen die Rede.

Hölderlin schildert das Erwachen seines Herzen wie den Beginn des Frühlings nach dem Winter, in dem die Natur *„tot und tief verschlossen"* (V.l) ausharrt. Nun ist der Stillstand überwunden; bewegte Lebensfreude und die

---

[28] Die Hymne Diotima ist der Bekenntnislyrik zuzuordnen. Insofern versteht es sich von selbst, daß die im Gedicht Diotima genannte Frau in der Realität Susette Gontard entspricht; das lyrische Ich vertritt den Dichter Hölderlin. Im Folgenden aber werde ich bei den Bezeichnungen „Diotima" und „lyrisches Ich" bleiben.

Erinnerung *„an der Kindheit goldene Tage"* (V.l5)
sprechen aus der zweiten Strophe des Gedichtes. Dann nennt Hölderlin den Grund für seinen Jubel: *„Diotima! selig Wesen!"* (V.l7) Die
„Götterjugend", die der Dichter preist, ist nichts
Geringeres als ewige Seligkeit, welche ihn von
der Dürftigkeit des diesseitigen Lebens heilt;
denn jeder, der mehr gesehen hat, als diese
Welt ihm schenken kann, wird dem Leben mit
Skepsis oder gar mit *„Angst"* (V.l9) gegenüber-
stehen. Diotima und das Lyrische Ich sind ver-
wandte Seelen, die sich schon längst vertraut
waren, ehe sie sich zum ersten Mal im Leben
trafen. Das setzt jedoch voraus, daß sie sich ir-
gendwo und irgendwann kennengelernt haben
müssen. Bei der Begegnung der beiden im irdischen Leben war ihnen ihr *„Innerstes"* (V.24)
bereits bekannt. Hölderlin kann diese Vertraut-
heit nur auf die Existenz in einer Art Vorwelt
oder einem Elysium zurückführen, auf das er
an dieser Stelle nicht näher eingeht. Aus dieser
Vorwelt wurden beide in das Leben hineinge-
boren, und ihnen ist es zu ihrer beider Glück
gestattet, sich wieder zu begegnen. Schon in
seiner Kindheit empfing das Lyrische Ich einen
Funken von Diotimas Gegenwart, doch die
Tage dieser *„Lust und Schöne"* (V.29) blühen

nicht immer. Wie im Zeitraffer beobachtet der Leser dann die Entwicklung des Kindes zum Greis. Den Verfall konnte nur das „Götterbild" (V.44) aufhalten. Mit dem Ende der sechsten Strophe ist die glückvolle Stimmung des Gedichtanfanges wieder erreicht.

Diotima selbst ist schöner als „arme Phantasien" (V.53) sie sich vorstellen können. Ja, mehr noch: Diotima ist dem Lyrischen Ich eine Ahnung des Elysiums, dem Ort der „Seligen" (V.57) und der „wandellosen Schöne" (V.60), im „Ruin der Zeiten" (V.64). Sie ist wie Urania, die himmlische Muse.

Dennoch nimmt das Lyrische Ich sie nicht als etwas Selbstverständliches an. Es ringt mit sich, empfindet „ja" und „Nein", „Streit und Frieden" (V.70) darüber, ob es dieses „Engelsbild" (V.71) fassen dürfe. Das lyrische Ich wagt es - und erträgt es kaum. (V.78ff.) Diotimas Herrlichkeit ist beinah mehr, als ihm zuträglich ist und es fleht die Muse um Schonung an, damit es nicht vergehen müsse wie Semele, als der Blitzesstrahl des Zeus sie traf, weil sie sich wünschte, den Donnerer in seiner ganzen Majestät zu sehen.[29] Das lyrische Ich folgt einer Heils-

---

[29] Ein Bild, das Hölderlin auch in seiner Hymne „Wie wenn

ökonomie, da es sich für die ewige Klarheit der Muse noch nicht reif fühlt. Ab der zwölften Strophe ändert sich das Tempus; auf die mit „Wenn ... " eingeleiteten Teilsätze (V.79, V.82, V.85) folgt jetzt die Schilderung des erfüllten gegenwärtigen Moments und einer zeitlosen Zukunft. Die „Bande" (V.92), die sich lösen, sind die Fesseln des ewigen Todes, die jeden halten, für den das Leben auf das „dürftige Streben " (V.94) im Hier und Jetzt begrenzt ist. Allmählich läßt das Lyrische Ich die irdische Sphäre hinter sich und tritt zusammen mit der Muse ins „*volle Götterleben* " (V.95) ein.

„*Eins und Alles* " (V.99) – damit meint Hölderlin wörtlich das griechische Ἓν καὶ Πᾶν. Ein Teil des Ganzen zu sein und gleichzeitig das Ganze. Es bedeutet, daß das Individuum des Vollkommenen teilhaftig wird, das nur deswegen vollkommen ist, weil es aus allen Einzelelementen besteht. Begriffe wie Überfluß oder Mangel haben keine Bedeutung mehr angesichts der Vollkommenheit. Der „*kärgliche Gewinn*" (V.102), den die Welt so hochschätzt und – blind für das All" ein seiner Fülle – für das Erstrebens-

---

am Feiertage ... " verwenden wird, um den Dichter als einen vorzustellen, der fähig sein sollte, Größtes zu ertragen.

werteste hält, hat im vollkommenen Kosmos keine Gültigkeit.

Am Ende steht die Klarheit darüber, welche Verbindung zwischen dem Lyrischen Ich und Diotima seit jeher bestand. Ihr Leben ist für beide das, was für die Sterne eine Nacht ist, in der diese *„zufrieden ... in dunkler Höhe "* (V. 109f.) gehen. Die Sterne versinken immer wieder im Meer. Muse und Dichter versenken sich in dem Element der *„Begeisterung"* (V.113), wie in einem „selig[en] Grab " (V. 114), ehe sie erneut in des *„Lebens kurze Nacht"* (V.120) zurückkehren. Es bleibt relativ offen, was der Dichter mit diesem abschließenden Vergleich ausdrücken wollte: Erfahrt das Lyrische Ich durch die Muse Momente der Begeisterung, die ihm elysisch dünken?[30] Viel wahrscheinlicher ist, daß der Dichter die vollkommene Vereinigung mit der Muse erhofft, welche an seiner Seite als lebendiges Wesen duldet. Diese Vereinigung kann erst zwischen den Leben stattfinden, also

---

[30] Dafür allerdings spräche folgende Stelle aus dem Hyperion: *„[...] Ich hab es einmal gesehen, das Einzige, das meine Seele suchte, und die Vollendung, die wir über die Sterne hinauf entfernen, die wir hinausschieben bis ans Ende der Zeit, die hab ich gegenwärtig gefühlt. Es war da, das Höchste, in diesem Kreise der Menschennatur und der Dinge war es da! "* Hölderlin, Band II, S. 157.

immer wenn gerade nicht „Nacht" ist, um in Hölderlins Bild zu bleiben. Jede Nacht steht für ein Leben, nach dem die Seelen in jene Zwischenwelt eintauchen, bis sie wieder in ein neues Erdendasein hineingeworfen werden: Eine weitere Nacht beginnt. Das, was sich für den Lebenden jenseits des nächtlichen Horizontes verbirgt, kann nur die Muse erinnern, die auch von dorther geboren ist, und wie ein fremder Stern die an feste Gesetze gebundene Lebensnacht durchwandert.

Daß Diotima in der Welt, wie sie sich gerade zeigt, nicht recht am Platz ist, drücken auch folgende Verse aus, die einer Elegie *An Diotima* entnommen sind.

„Schönes Leben! du lebst, wie die zarten Blüten im Winter,
In der gealterten Welt blühst du verschlossen, allein.
[...]
Deine Sonne, die schönere Zeit, ist untergegangen Und in
frostiger Nacht zanken Orkane sich nun."

Wieder ist vom Winter die Rede, den die „*zarten Blüten*" (V.l) überdauern müssen. Beide, das Lyrische Ich der oben besprochenen Hymne und die Diotima der Elegie können ihr wahres Wesen nicht entfalten. Ihr Tag, den eine freundlichere „*Sonne*" (V.7) bescheint, ist etwas komplett anderes als das Leben; denn momentan herrscht „frostige Nacht" (V.8). Bleibt man bei der Symbolik der Hymne, bedeutet die Nacht das an wahrer Empfindung arme Erdenleben, der Tag aber das dem Leben entwachsene Dasein, von welchem die Muse Diotima dem in der irdischen Welt Gefangenen Ahnung vermitteln kann.

Doch die Muse erträgt ihr Dahinvegetieren in armer Welt nicht mit stoischem Gleichmut. Eine ebenfalls mit Diotima überschriebene Ode im dritten Alkäischen Strophenmaß zeigt die Muse als fragile Dulderin:

Du schweigst und duldest, und sie verstehn dich nicht,
Du heilig Leben! welkest dahin und schweigst,
Denn ach, vergebens bei Barbaren Suchst du die Deinen im
Sonnenlichte,
Die zärtlichgroßen Seelen, die nimmer sind!
Doch eilt die Zeit. Noch siehet mein sterblich Lied Den Tag,
der, Diotima! nächst den
Göttern mit Helden dich nennt, und dir gleicht.

Die Muse kann sich in der gegenwärtigen Welt der Verständnislosigkeit nicht mehr artikulieren und schweigt daher. Sie „*welkt dahin*" (V.2), weil es ihr Beruf ist, zu reden und zu singen von jenem Höheren, das sie kennt. Vergebens sucht sie Menschen, die ihr verwandt an Begeisterung sind - und findet nur „Barbaren " (V.3). Die Musen und die wahrhaft Liebenden, die *„zärtlichgroßen Seelen"* (V.5), haben die Erde verlassen.[31] Aber dieser Zustand der Betrübnis ist nicht von ewiger Dauer: Des Dichters *„sterblich Lied"* (V.6) sieht die Zeit voraus, in der die Muse Diotima wieder geehrt werden wird. Die Nacht irdischen Lebens wird dann verschwunden sein und der Tag, der an erhabener Schönheit Diotima gleicht, wird anbrechen.[32]

---

[31] Im Gedicht *An ihren Genius* wird es deutlich: *„[...] bis sie [Diotima] im Lande der Seligen einst die fröhlichen Schwestern, die zu Phidias ' Zeit herrschten und liebten, umfängt "* Wen könnte Hölderlin anderen meinen als die Musen?

[32] Ich meine, daß sich auch Hölderlins späte Hymne Mnemosyne mit dem Spannungsverhältnis von realem Leben und Zwischenlebenszeit auseinandersetzen könnte, wobei dort die erste Strophe den Kreislauf von gesetzgebundenem Leben und „ungebundenem" Nicht-Leben, in dem vermutlich keine Erinnerung an schmerzhafte Ereignisse mehr bestünde, skizzieren würde. Die zweite Strophe schilderte das idyllische, diesseitige Leben, in das Erinnerungen unvermittelt einbrechen. Die griechischen Helden der Ilias, die in der dritten Strophe genannt werden, wären demnach Beispiele für ein schmerzlich erinnertes Vorleben. Doch es ist nicht vorgesehen, daß ein Individuum aus dem Lebensgefüge ausbrechen will. Erinnerung ist also ein zweischneidiges Schwert: Sie bewirkt notwendigerweise Trauer, wenn eine Diskrepanz zwischen Realität und Erinnerung besteht.

Stefan George: Dichter trotz
„denkerstörung"

Wenn man die deutsche Literaturlandschaft des ausgehenden 19. Jahrhunderts betrachtet, sticht vor allem ein Dichter hervor: Stefan George. Neben vielen anderen Lyrikern seiner Zeit, die sich in ihren oft pseudopathetischen Werken vor allem an Peinlichkeit mit ihresgleichen maßen[33], steht George in der schier unantastbaren Entrücktheit eines *Poeta vates*. Anstatt in seiner Dichtung mit allgemeinen, modernen politischen Ideen zu liebäugeln, errichtete er sich nach und nach ein eigenes Reich, dessen Säulen zum einen die formal perfekten Gedichte waren, zum anderen jene jungen Männer, die dem Meister George in aufrichtiger Bewunderung zugetan waren.

Ähnlich wie bei den Gemälden Gustave Moreaus legt sich bei George eine ornamentale Schicht aus Neologismen und kunstvollem Satzbau über das, was er eigentlich sagen will. Dadurch erlangt alles Geschilderte den Zauber

---

[33] Man denke an Emanuel Geibel, der zweifellos mehr wollte als er konnte, und dadurch in seinem Werk nicht sonderlich ernstzunehmend wirkt.

des Besonderen und des Auserlesenen.

Georges Lyrik ist überdies ein ästhetisches Ge-
samtkunstwerk. Form und Inhalt korrespon-
dieren vor allem in den von Melchior Lechter
illustrierten Blättern für die Kunst, die Georg
Bondi in Berlin verlegt hat, so unentzweibar
miteinander, daß sich die Texte teilweise ohne
der eigens für Georges Gedichte entworfenen
Schrift gar nicht mehr denken lassen.[34] So klar
Georges Lyrik mit der bildenden Kunst verknüpft ist, so wenig ließ der Dichter bereits in
frühen Schaffensphasen irgendeinen Zweifel
an seiner Berufung zum Lyriker.

Das Eingangsgedicht von Georges erstem Gedichtband *Hymnen* • *Pilgerfahrten* • *Algabal*
greift das antike Motiv der Dichterweihe wieder auf, gleichsam als Legitimation für alle weitere Lyrik, die der damals erst 22-jährige
George noch schreiben würde. Dabei handelt es
sich nicht um das rhetorische Klischee des Musenanrufes, sondern um einen nach und nach
sich entfaltenden Prozeß, an dessen Ende die
Begegnung mit der Muse steht.[35]

---

[34] Daher sei der Text der *Weihe* in der StG-Schrift wiedergege-
ben.
[35] Vgl. Durzak, Manfred: Zwischen Symbolismus und

WEIHE

Hinaus zum strom! wo stolz die hohen rohre

Im linden winde ihre fahnen schwingen

Und wehren junger wellen schmeichelchore

Zum ufermoose kosend vorzudringen.

Im rasen rastend sollst du dich betäuben

An starkem urduft · ohne denkerstörung ·

So dass die fremden hauche all zerstäuben.

Das auge schauend harre der erhörung.[12]

Siehst du im takt des strauches laub schon zittern

Und auf der glatten fluten dunkelglanz

Die dünne nebelmauer sich zersplittern?

Hörst du das elfenlied zum elfentanz?

Schon scheinen durch der zweige zackenrahmen

Mit sternenstädten selige gefilde ·

Der zeiten flug verliert die alten namen

Expressionismus: Stefan George. Stuttgart, Berlin. Köln,
Mainz, 1974. Seite 23.

Und raum und dasein bleiben nur im bilde.

Nun bist du reif · nun schwebt die herrin nieder ·

Mondfarbne gazeschleier sie umschlingen ·

Halboffen ihre traumesschweren lider

Zu dir geneigt die segnung zu vollbringen:

Indem ihr mund auf deinem antlitz bebte

Und sie dich rein und so geheiligt sah

Dass sie im kuss nicht auszuweichen strebte

Dem finger stützend deiner lippe nah.

Eine Gliederung des Gedichtes in drei Strophenpaare erleichtert den Zugang zum Inhalt und zu den sprachlich verknappt dargestellten Bildern. Am Beginn steht die Aufforderung an den Dichter, sich in der Natur auf das Kommende vorzubereiten. Man fragt dann den Dichter, ob er die allmähliche Veränderung bemerkt, die in der Umgebung vor sich geht. Die letzten beiden Strophen erzählen schließlich von der eigentlichen Begegnung mit der Muse.

Zunächst muß die Frage geklärt werden, wer

eigentlich spricht.[36] Das elliptische „*Hinaus zum strom!*" (V.1) könnte man als eine Selbstaufforderung des zu weihenden Dichters verstehen, doch spätestens der Imperativ bei „*Im rasen rastend sollst du dich betäuben*" (V.5) setzt ganz klar einen Sprecher und einen Angesprochenen voraus. Doch ob die Stimme des Sprechers aus dem Inneren des Dichters oder aus dem „Off" kommt, kann nicht genau gesagt werden. Möglich wäre es, daß die Muse, die erst später ins Geschehen eintritt, sich bereits als autonomer Gedanke im Bewußtsein des angehenden Dichters manifestiert, zu ihm spricht, und ihn so seiner Berufung zufuhrt.

Hinaus soll der Dichter; fern von gewöhnlicher Welt und Gesellschaft wird er seine Weihe erleben. Dazu aber muß sich erst seine Naturwahrnehmung ändern. Jeder, der die erste Strophe der Weihe laut liest, wird eine Ahnung davon bekommen, was dem Dichter widerfährt, als er diese Worte hört. George breitet eine Flut von Assonanzen und scheinbaren Binnenreimen vor dem Leser aus; er versteht es, ihn mit wenigen Versen in seinen Bann und in

---

[36] Durzak meint, „*Der Dichter löst sich imperativisch ... aus der ihn umgehenden Wirklichkeitswelt*" (Vgl. dort Seite 23), womit im Grunde nichts gesagt ist.

eine fremde Welt zu ziehen.[37] Die Flußlandschaft, die der Dichter betritt, scheint seltsam entwirklicht. Nichts ist dieser Naturschilderung ferner als der Naturalismus. Die Örtlichkeit der Weihe sieht die künstlich wirkenden, in ihrer Wildheit angelegt scheinenden Landschaften der Georgeschen Dichtung voraus.

Die Betäubung an *„starkem Urduft"* (V.5) soll ohne *„denkerstörung"* (V.6) geschehen: Die räumliche Trennung des Dichters vom gewöhnlichen Leben darf nicht durch gedankliche Nähe zum Realen aufgehoben werden. In dieser artifiziell wirkenden Welt ist jeder Gedanke zurückein *„fremder hauch"* (V.7), denn es scheinen andere Gesetze zu gelten. *„Das auge harre der erhörung"* (V.8) ist ein Synästhetismus, der vielleicht ausdrückt, daß alle Sinne des Dichters auf die Erwartung des Kommenden ausgerichtet sein sollen.

Dann beginnt die Natur mit eigenem Leben zu erwachen: Der Strauch regt sich wie von allein und allmählich beginnt sich der Nebel auf dem Strome zu lichten, zu *„zersplittern"* (V.11), wie

---

[37] Dieser Wesenszug Georges ist auch Hugo von Hofmannsthal beunruhigend aufgefallen, wie er in seinem Gedicht *Der Prophet* sagt. Siehe Hofmannsthal, Band II, Seite 61.

George sagt. Das *„elfenlied zum elfentanz"* (V.12) mag ein wenig an die tanzenden Musen erinnern, die Hesiod noch als Hirte auf dem Helikon beobachtete. Höchst interessant sind die Bilder, die George in der vierten Strophe bringt. Die Entwicklung des zum Dichter bestimmten Individuums schreitet mit dem Verlauf des Gedichtes kontinuierlich voran; sein Blick geht über *„der zweige zackenrahmen"* (V.13) hinaus, wo *„sternenstädte"* die *„seligen gefilde"* (V.14) anzeigen. Was George mit diesen Begriffen bezeichnet, kann nur das Elysium sein, von welchem als Heimat der Musen auch bei Hölderlin die Rede war. Dieses Reich in seiner ewig unwandelbaren Schöne bleibt vom *„flug der zeiten "* unversehrt, der die „alten namen ... verliert" (V.15); denn für gewöhnliche Menschen so zuverlässige Ordnungen wie *„raum"* und *„zeit"* bleiben *„nur im bilde"* (V.16), also in der Momentaufnahme, weil sie ihre Wandlung unsichtbar für die Menschen in sich tragen.

Der werdende Dichter ist bis hierhin gefolgt und hat durch seine Einsichten, deren der Leser teilhaftig werden konnte, Reife erlangt: *„Nun schwebt die herrin nieder"* (V.17). Es ist die Muse, die sich dem Leser und dem Dichter wie die Beata Beatrice aus dem gleichnamigen Dante

Gabriel Rossetti - Gemälde zeigt. Ihr schleierartiges Gewand hat die Farbe des bereits nächtlichen Mondes und an ihren *„traumesschweren lider[n]"* (V.19) hängt der Taumel der immerseligen Götter.[38] Die Weihe zum Dichter besteht in einem Kuß, den George in der Tat so kompliziert wie möglich ausdrückt. Ja, es scheint fast, als legten sich die *„mondfarbnen gazeschleier"* (V.18) um Muse und Dichter und entzögen so das Paar den Blicken des Lesers. Überdies unterstreicht der Tempuswechsel ins Präteritum die Flüchtigkeit des Weihemoments, der, ehe er stattfindet, schon vergangen ist.

Aber vielleicht trägt es zum Verständnis der letzten Strophe bei, wenn man zuerst den ungewöhnlichen Bau dieses sehr knapp formulierten Satzes auflöst. Die Muse segnet den Dichter in einem *„kultisch-sakralen Akt"*[39] nämlich dadurch, daß ihr Mund zunächst auf seinem Antlitz bebt. Und weil sie ihn rein und

---

[38] An anderer Stelle sagt George selbst: *„Das wesen der dichtung wie des traumes: dass Ich und Du Hier und Dort. Einst und Jetzt nebeneinander bestehen und eins und dasselbe werden. "* Dichtung ist demnach – ohne zwingend romantisch zu denken – eine Ahnung des Traumes von Vollkommenheit, wie schon bei Hölderlin. Zit. Nach Durzak, S. 26f.
[39] Vgl. Braungart S. 263.

geheiligt sah, strebte sie im Kusse dem Finger nicht auszuweichen, der sich in der Nähe seiner Lippe befand und vermutlich sein Kinn stützte. Was aber passiert hier? Auch wenn diese Frage voyeuristisch anmutet, trägt ihre Klärung erheblich zum Verständnis des Gedichtes bei. Einerseits könnte es die Muse sein, die mit ihren Fingern das Gesicht des gedankenversunkenen Dichters berührt, um es zu sich herzuwenden. Vom Traum der Seligkeit, aus der sie stammt, noch gefangen, tastet ihr Mund nach dem des Dichters, und weil der Novize ihr nicht entgegenkommt, stützt sie sein Gesicht, damit sie die *„segnung ... vollbringen"* könne. Dabei müßte sie ihren Zeigefinger an die Wange des Dichters legen und ihren Daumen an das Kinn. Das hieße, daß der Dichter von der Muse zu seiner Berufung sanft gezwungen würde. Sie küßt ihn, obwohl ihr Finger seiner *„lippe stützend nah"* ist.

Doch man kann diese letzten Verse auch anders verstehen. Der Dichter selbst stützt sein Kinn zwischen Daumen und Zeigefinger. Gesetzt diesen Fall, nähme der Dichter die Pose des Melancholikers ein, der dumpf brütend vor sich hin sinniert. Die Muse störte sich daran nicht, wenn er auch jegliche *„denkerstörung"* hätte ablegen sollen, so wie sie ihm geraten hat.

Vielleicht merkt sie, daß er die Gedanken nicht lassen kann, die ihn an Welt und Wirklichkeit binden und seine *„denkerstörung"* auslösen. Sein Kinn und Wange haltender Finger ist gleichzeitig eine Stütze, ihn vor einem Verlust der Realität zugunsten der unwirklichen Umgebung bewahrend. Er bleibt trotz Musenkuß und der Offenbarung ewiger Seligkeiten ein melancholischer Grübler.

Alles vermag die Muse, nur nicht die Macht ihrer Mutter Mnemosyne zu bestreiten. Der in eine ideale Umgebung versetzte Dichter wird diese nur als ideal empfinden und beschreiben, wenn er der Unterschiede zur Wirklichkeit durch Erinnerung gewahr wird. Dichten ist ein ewiges Wandern zwischen Welt und Wunsch; den rechten Pfad zwischen beiden Extremen, die dem Dichter durch das Geschenk der Musen offenbar wurden, kann nur Mnemosyne weisen.

Beschluß

Es ist geradezu unmöglich, die enorme Fülle der Schilderungen einer Dichterweihe und des Musenanrufs erschöpfend zu behandeln. Aber schon dieser kleine Einblick, der im Rahmen der Untersuchung geboten wurde, macht deutlich, welche Variationen zur Beschreibung ein und derselben Situation denkbar sind. Viele Dichter haben einen persönlichen Zugang zur inspirierenden Göttin: Die Musen Hesiods sind nicht dieselben wie jene des Archilochos. Homer läßt die Muse wildestes Schlachtengetümmel und Waffengeklirr singen, Wieland hält seine Muse mehrere tausend Jahre später davor zurück.

Der Musenkuß als intime Segnung für den Dichter George hat seine Wurzeln bei Properz und seiner Cynthia, wenngleich Georges mystisch-sakrale Begegnung mit der Muse zu nichts unterschiedlicher sein könnte als zu Properzens Beschwörung der Geliebten.

Die früh in göttliche Sphären entrückte menschliche Muse Hölderlins, Diotima, hat viele Schwestern: Petrarcas Laura, Dantes Beatrice und später die Sophie des Novalis, die zwar bald ihr irdisches Dasein verließ, aber vom Dichter unsterblich gemacht wurde. Sie alle verbindet der direkte Einfluß, den sie auf das Schaffen der jeweiligen Dichter hatten und die Begeisterung, die sie in ihren Verehrern entfachten.

Auch wenn es zu jeder Zeit so scheinen mochte, daß der Großteil der gegenwärtigen Dichter sich eher aus selbstbewußten, oft desillusionierten „*Machern*" als aus inspirierten Lyrikern zusammensetzt, kann ich mir nicht vorstellen, daß die Musen ihre Schützlinge je verlassen haben. In einer Welt, die sich den Menschen zunehmend lauter und hektischer zeigt, wird es eben schwieriger, die leisen Stimmen der Musen zu hören, wenn sie zu ihren Dichtern sprechen. Und wer kann es schon so genau sagen: Vielleicht trifft der ein oder andere Künstler wachen Sinnes eine Muse, die sich in eine ihr fremde Zeit verirrt hat.

Musa semper praesens

Ein Nachwort von cand. phil. Hannes Schmidt

Elisabeth Thalers *„Von der Muse geküsst"* lässt sich nicht nur als eine akademische Abhandlung über die Bedeutung der Musen verstehen, sondern auch als eine tiefgreifende Erkundung des menschlichen Geistes und seiner kreativen Fähigkeiten. Wir können die tiefe Verbindung zwischen den Musen und den Dichtern durch die Jahrhunderte hinweg nachvollziehen. Diese Arbeit ist eine eindrucksvolle Erkundung, die die Essenz dessen erfasst, was es bedeutet, von der Muse inspiriert zu sein. Die sorgfältige Analyse antiker und moderner Dichter, von Hesiod über Properz bis hin zu Stefan George, zeigt, wie das Verhältnis zwischen dem Dichter und den Musen ein kulturelles Erbe darstellt, das über die Zeiten hinweg weitergegeben wurde.

Was diese Untersuchung besonders vor Augen führt, sind die verschiedenen Facetten dieses poetischen Bündnisses und gleichzeitig die Vielschichtigkeit der Dichtung als kreativen Akt. Thaler vermittelt das Bild der Muse als eine ewige Inspirationsquelle, die nicht nur die Dichter der Antike, sondern auch die modernen Künstler in ihren Bann zieht. Ihre feine literarische Analyse und der klar strukturierte Gang der Arbeit verdeutlichen, dass die Musen nicht bloße Fiktionen sind, sondern lebendige Begleiter des künstlerischen Schaffensprozesses.

Dieses Werk ehrt nicht nur die Musen, sondern auch die Dichter, welche, von ihnen geleitet, Werke von unvergänglicher Schönheit und Tiefe schufen. Diese Abhandlung erinnert uns an die unerschütterliche Verbindung zwischen Mythos und Kreativität. Möge die Weisheit dieser Erkenntnisse auch zukünftige Leser inspirieren, die die Musen in unserer heutigen Zeit suchen.

Charakteristisch für ein Werk aus der Feder Thalers ist, dass es mit nahezu lyrischer Qualität, behänden Formulierungen, dennoch mit

inhaltlicher Präzision auf das Wesentliche ab-
zielt.

So bleibt dieses Buch eine wunderbare Hom-
mage an das schöpferische Potenzial der
Menschheit – getragen von den leisen, doch
kraftvollen Stimmen der Musen, die seit den
Tagen Homers den Geist und das Herz der
Dichter erfüllen.

Musa tibi paritura coronam est!

Hannes Schmidt, Graz den 22. Okt. 2024

Literaturverzeichnis

Primärtexte

Archilochos: Sämtliche Gedichte. Hrsg. von Max Treu. München, 1979[2].

Friedrich Hölderlin: Sämtliche Werke und Briefe in vier Bänden. Hrsg. von Günter Mieth. Berlin, 1995[2].

George, Stefan: Gesamtausgabe in 18 Bänden. Berlin, 1928.

Hesiod: Theogonie. Werke und Tage. Griechisch und Deutsch. Herausgegeben und übersetzt von Albert von Schirnding. Mit einer Einführung und einem Register von Ernst Günther Schmidt. München, 1991.

Hugo von Hofmannsthal: Sämtliche Werke. Herausgegeben von Andreas Thomasberger. Eugene Weber. Frankfurt am Main, 1988.

Homer: Ilias und Odyssee. Vollständige Ausgabe. Übertragen von Heinrich Voß. München, 1982[2].

Horaz: Sämtliche Werke. Lateinisch und Deutsch. Teil I: Carmina, Oden und Epoden. Nach Kayser, Nordenflycht und Burger, hrsg.

von Hans Färber. München 1985[10]

Hölderlin, Friedrich: Sämtliche Werke und Briefe, Bd. I, Gedichte. Hrsg. Von G. Mieth. Aufbauverlag, Berlin 1995.

Properz: Gedichte. Lateinisch und Deutsch von Rudolf Helm. (Schriften und Quellen der alten Welt. Band 18) Berlin, 1978.

Rainer Maria Rilke: Sämtliche Werke. Hrsg. vom Rilke-Archiv in Verbindung mit Ruth Sieber-Rilke. Besorgt durch Emst Zinn. 6 Bde. Wiesbaden/Frankfurt am Main 1955-1966. Neuaufl. Frankfurt am Main 1987.

Wielands Werke in vier Bänden. Hrsg. von den nationalen Forschungs- und Gedenkstätten der klassischen deutschen Literatur in Weimar. Berlin und Weimar 1984 (Bibliothek deutscher Klassiker).

Sekundärliteratur

Beck, Adolf: Hölderlins Diotima Susette Gontard. Gedichte-Briefe-Zeugnisse. Mit Bildnissen. Frankfurt am Main, 1980.

Durzak, Manfred: Zwischen Symbolismus und Expressionismus: Stefan George. Stuttgart, Berlin, Köln, Mainz, 1974.

Kambylis, Athanasios: Die Dichterweihe und ihre Symbolik. Untersuchungen zu Hesiod, Kallimachos, Properz und Ennius. (Bibliothek für klassische Altertumswissenschaften) Heidelberg, 1965.

Kambylis, Athanasios: Zur Dichterweihe des Archilochos. In: Hermes. Zeitschrift für klassische Philologie. Band 91, Seiten 129-150. Wiesbaden, 1963.

Kontoleon, N.M.: Archilochos und Paros. In: Archiloque - Sept Exposees et Discussiones. Genf, 1963.

Lieberg, Godo: Die Muse des Properz und seine Dichterweihe. In: Philologus. Zeitschrift für klassisches Altertum. Hrsg. von F. Zucker, W. Schmid und O. Luschnat. Band 107. Seiten 116-129 und Seiten 263-270. Berlin, 1963.

Otto, Walter F.: Die Musen. Der göttliche Ursprung des Singens und Sagens. Ohne Verlagsort und Jahr.

Pittrof, Thomas und Aurenhammer, Achim (Hrsg.): „Mehr Dionysos als Apoll". Antiklassizistische Antike-Rezeption um 1900 (Das Abendland. Neue Folge 30. Forschungen zur Geschichte europäischen Geisteslebens. Hrsg.

von Eckhard Heftrich) Seiten 245-271. Frankfurt am Main, 2002.

Schmidt, Jochen: Die Geschichte des Genie-Gedankens in der deutschen Literatur, Philosophie und Politik 1750-1945. Zwei Bände. Darmstadt, 1985.

Schrott, Raoul: Die Musen. München, 1997.

Schrott, Raoul: Die Erfindung der Poesie. München, 2003.

In gleicher Ausstattung sind von der selben Autorin bei BoD erschienen:

- Kastl 93'. Drei Erzählungen.

- Les Barricades Mysterieuses. Eine Autobiographie in lyrischer Prosa mit angehängtem Kommentar.

- Iter Illyricum. Reisebericht über eine Fahrt nach Montenegro.

- Wisse das Bild. Eine Arbeit über die Poetik des Nennens in orphischer Tradition.